Immer 10

a)
	9	+		=	1	0
	7	+		=	1	0
	2	+		=	1	0
	5	+		=	1	0
	6	+		=	1	0

b)
		+	2	=	1	0
		+	4	=	1	0
		+	7	=	1	0
		+	8	=	1	0
		+	1	0	=	1	0

c)
	1	+		=	1	0
	3	+		=	1	0
	4	+		=	1	0
	8	+		=	1	0
1	0	+		=	1	0

d)
	3	+		7	=		
	2	+		8	=		
	9	+		1	=		
	7	+		3	=		
	5	+		5	=		

e)
		+	1	=	1	0
		+	6	=	1	0
		+	5	=	1	0
		+	9	=	1	0
		+	3	=	1	0

f)
	4	+			=	1	0
	5	+			=	1	0
1	0	+			=	1	0
	1	+			=	1	0
	8	+			=	1	0

Immer 9

a)
9	+		=	9
7	+		=	9
2	+		=	9
5	+		=	9
6	+		=	9

b)
1	+		=	9
3	+		=	9
4	+		=	9
8	+		=	9
5	+		=	9

c)
	+	1	=	9
	+	6	=	9
	+	5	=	9
	+	9	=	9
	+	3	=	9

d)
	+	2	=	9
	+	4	=	9
	+	7	=	9
	+	8	=	9
	+	5	=	9

e)
1	+	8	=	
3	+	6	=	
9	+	0	=	
7	+	2	=	
6	+	3	=	

f)
4	+	5	=	
5	+	4	=	
1	+	8	=	
8	+	1	=	
6	+	3	=	

Immer 8

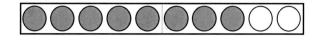

a)
8	+		=	8
7	+		=	8
2	+		=	8
5	+		=	8
6	+		=	8

b)
1	+		=	8
3	+		=	8
4	+		=	8
2	+		=	8
8	+		=	8

c)
	+	1	=	8
	+	6	=	8
	+	5	=	8
	+	3	=	8
	+	2	=	8

d)
	+	8	=	8
	+	7	=	8
	+	4	=	8
	+	0	=	8
	+	6	=	8

e)
2	+	6	=	
8	+	0	=	
4	+	4	=	
5	+	3	=	
7	+	1	=	

f)
6	+	2	=	
3	+	5	=	
1	+	7	=	
0	+	8	=	
8	+	0	=	

Immer 7

a)
7	+		=	7
2	+		=	7
5	+		=	7
6	+		=	7
1	+		=	7

b)
4	+		=	7
3	+		=	7
0	+		=	7
7	+		=	7
6	+		=	7

g)
2	+	5	=	
7	+	0	=	
6	+	1	=	
3	+	4	=	
4	+	3	=	

h)
5	+	2	=	
1	+	6	=	
0	+	7	=	
7	+	0	=	
2	+	5	=	

Immer 6

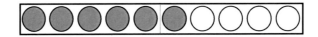

a)
2	+		=	6
5	+		=	6
6	+		=	6
1	+		=	6
3	+		=	6

b)
4	+		=	6
0	+		=	6
1	+		=	6
5	+		=	6
6	+		=	6

c)
	+	1	=	6
	+	6	=	6
	+	5	=	6
	+	3	=	6
	+	2	=	6

d)
5	+	1	=	
1	+	5	=	
0	+	6	=	
6	+	0	=	
2	+	4	=	

Immer 5

a)
2	+		=	5
5	+		=	5
4	+		=	5
0	+		=	5
3	+		=	5

b)
	+	1	=	5
	+	5	=	5
	+	3	=	5
	+	2	=	5
	+	4	=	5

 ## Immer 4

a)
2	+		=	4
1	+		=	4
4	+		=	4
0	+		=	4
3	+		=	4

b)
	+	1	=	4
	+	0	=	4
	+	3	=	4
	+	2	=	4
	+	4	=	4

 ## Immer 3

a)
2	+		=	3
1	+		=	3
3	+		=	3
0	+		=	3

b)
	+	1	=	3
	+	0	=	3
	+	3	=	3
	+	2	=	3

Immer 2

c)
2	+		=	2
1	+		=	2
0	+		=	2

d)
	+	1	=	2
	+	0	=	2
	+	2	=	2

Gemischte Aufgaben

a)
7	+	1	=	
0	+	2	=	
4	+	5	=	
1	+		=	4
4	+		=	5

b)
	+	2	=	8
5	+		=	6
	+	0	=	4
2	+		=	9
4	+	1	=	

c)
2	+	4	=	
3	+		=	9
4	+	4	=	
	+	2	=	5
0	+	9	=	

d)
3	+	7	=		
	+	8	=	1	0
7	+		=	1	0
5	+	4	=		
6	+	4	=		

Minusaufgabe
Subtraktion von 0 bis 10

Minusrechnen ist das:

> Abziehen einer Zahl von einer anderen Zahl.

Das Rechenzeichen für das Minusrechnen ist das Minuszeichen:

-

Man formuliert eine Minusaufgabe so:

9	-	4	=	5
neun	minus	vier	gleich	fünf

Die Zahlen bei einer Minusaufgabe heißen:
„Minuend" und „Subtrahend".

Das Ergebnis nennt man „Differenz":

9	-	4	=	5
Minuend	minus	Subtrahend	gleich	Differenz

Beispiel:

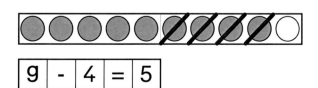

Heft M3 © 2010 - Verlag IBR. Alle Rechte vorbehalten.

Rechne die folgenden Aufgaben.
Schreibe alle Aufgaben auch ins Heft.

7 - ⬚ = 2	⬚ - 6 = 2	7 - 5 = ⬚
10 - ⬚ = 2	⬚ - 7 = 2	4 - 2 = ⬚
6 - ⬚ = 2	⬚ - 1 = 2	8 - 6 = ⬚
8 - ⬚ = 2	⬚ - 4 = 2	10 - 8 = ⬚
9 - ⬚ = 2	⬚ - 3 = 2	6 - 4 = ⬚

10 - ⬚ = 3	⬚ - 2 = 3	9 - 6 = ⬚
3 - ⬚ = 3	⬚ - 4 = 3	4 - 1 = ⬚
9 - ⬚ = 3	⬚ - 3 = 3	8 - 5 = ⬚
4 - ⬚ = 3	⬚ - 7 = 3	3 - 0 = ⬚
8 - ⬚ = 3	⬚ - 0 = 3	6 - 3 = ⬚

10 - ⬚ = 4	⬚ - 1 = 4	9 - 5 = ⬚
4 - ⬚ = 4	⬚ - 3 = 4	4 - 0 = ⬚
9 - ⬚ = 4	⬚ - 2 = 4	8 - 4 = ⬚
5 - ⬚ = 4	⬚ - 6 = 4	5 - 1 = ⬚
8 - ⬚ = 4	⬚ - 0 = 4	6 - 2 = ⬚

Rechne die folgenden Aufgaben.
Schreibe alle Aufgaben auch ins Heft.

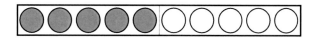

10	-		=	5
5	-		=	5
9	-		=	5
6	-		=	5
8	-		=	5

	-	0	=	5
	-	2	=	5
	-	1	=	5
	-	5	=	5
	-	4	=	5

9	-	4	=	
5	-	0	=	
8	-	3	=	
10	-	5	=	
6	-	1	=	

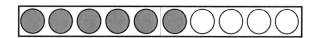

6	-		=	6
8	-		=	6
10	-		=	6
7	-		=	6
9	-		=	6

	-	2	=	6
	-	0	=	6
	-	3	=	6
	-	0	=	6
	-	4	=	6

9	-	3	=	
7	-	1	=	
10	-	4	=	
8	-	2	=	
6	-	0	=	

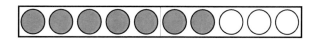

9	-		=	7
8	-		=	7
10	-		=	7
7	-		=	7

	-	3	=	7
	-	2	=	7
	-	0	=	7
	-	1	=	7

9	-	2	=	
7	-	0	=	
10	-	3	=	
8	-	1	=	

Rechne die folgenden Aufgaben.
Schreibe alle Aufgaben auch ins Heft.

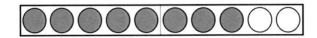

9	−		=	8
8	−		=	8
1 0	−		=	8

	−	2	=	8
	−	1	=	8
	−	0	=	8

9	−	1	=	
8	−	0	=	
1 0	−	2	=	

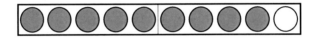

9	−		=	9
1 0	−		=	9

	−	1	=	9
	−	0	=	9

9	−	0	=	
1 0	−	1	=	

Gemischte Aufgaben

1 0	−		=	8
9	−		=	1
1 0	−		=	3
7	−		=	5
7	−		=	4

	−	3	=	2
	−	2	=	7
	−	2	=	6
	−	1	=	9
	−	1	=	0

9	−	4	=	
5	−	1	=	
8	−	8	=	
1 0	−	7	=	
6	−	4	=	

1 0	−		=	8
9	−		=	1
1 0	−		=	3
7	−		=	5
7	−		=	4

	−	3	=	4
	−	2	=	7
	−	2	=	0
	−	5	=	5
	−	0	=	1

1 0	−	4	=	
9	−	1	=	
1 0	−	8	=	
7	−	7	=	
8	−	4	=	

Ergänzungsaufgaben
Schreibe alle Aufgaben auch ins Heft.

6 - ☐ = 4	8 - ☐ = 7	3 - ☐ = 2
10 - ☐ = 7	10 - ☐ = 10	7 - ☐ = 4
7 - ☐ = 2	5 - ☐ = 1	3 - ☐ = 3
3 - ☐ = 1	7 - ☐ = 7	5 - ☐ = 4
4 - ☐ = 3	2 - ☐ = 0	10 - ☐ = 8

6 - 4 = ☐	8 - 5 = ☐	9 - 4 = ☐
9 - 7 = ☐	9 - 3 = ☐	6 - 3 = ☐
10 - 8 = ☐	6 - 4 = ☐	4 - 4 = ☐
8 - 4 = ☐	10 - 5 = ☐	10 - 6 = ☐
9 - 1 = ☐	4 - 3 = ☐	7 - 6 = ☐

☐ - 3 = 2	☐ - 1 = 5	☐ - 7 = 3
☐ - 2 = 5	☐ - 4 = 3	☐ - 7 = 1
☐ - 4 = 6	☐ - 2 = 2	☐ - 5 = 0
☐ - 8 = 1	☐ - 5 = 1	☐ - 2 = 7
☐ - 2 = 6	☐ - 5 = 4	☐ - 1 = 1

☐ - 0 = 5	☐ - 3 = 7	☐ - 3 = 0
☐ - 1 = 9	☐ - 9 = 0	☐ - 1 = 6
☐ - 6 = 2	☐ - 8 = 0	☐ - 0 = 6
☐ - 9 = 1	☐ - 2 = 3	☐ - 6 = 3
☐ - 0 = 2	☐ - 0 = 9	☐ - 2 = 1

5 - ☐ = 4	9 - ☐ = 5	8 - ☐ = 8
6 - ☐ = 0	10 - ☐ = 1	4 - ☐ = 3
3 - ☐ = 2	8 - ☐ = 6	6 - ☐ = 2
7 - ☐ = 0	4 - ☐ = 4	10 - ☐ = 10
7 - ☐ = 4	9 - ☐ = 2	7 - ☐ = 5

Die Zahlen 10 bis 20

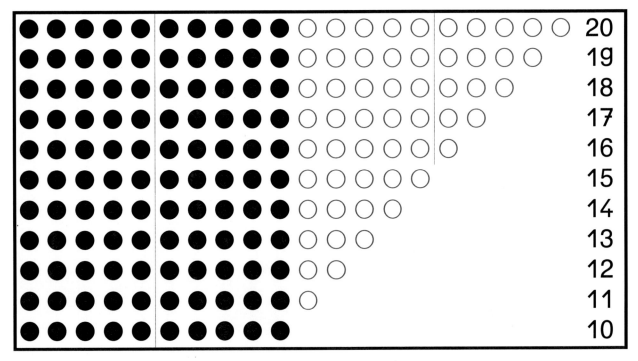

Aufbau der Zahlen
10 bis 20 als Plusaufgabe

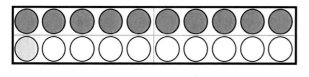

| 1 | 1 | = | 1 | 0 | + | 1 |

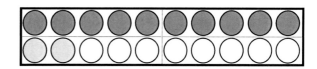

| 1 | 2 | = | 1 | 0 | + | |

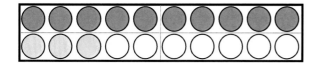

| 1 | 3 | = | 1 | 0 | + | |

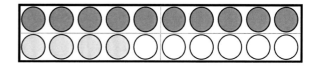

| 1 | 4 | = | 1 | 0 | + | |

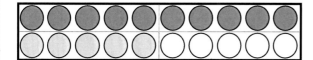

| 1 | 5 | = | 1 | 0 | + | |

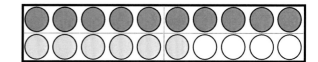

| 1 | 6 | = | 1 | 0 | + | |

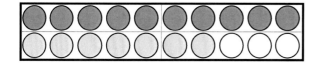

| 1 | 7 | = | 1 | 0 | + | |

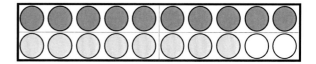

| 1 | 8 | = | 1 | 0 | + | |

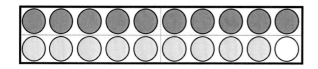

| 1 | 9 | = | 1 | 0 | + | |

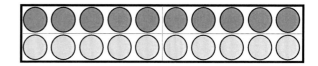

| 2 | 0 | = | 1 | 0 | + | |

Wie heißt die Zahl?

Punkte	Zahl
●●●●●●●●●● ○○○○○○○○○	19
●●●●●●●●●● ○○	
●●●●●●●●●● ○○○○○○○	
●●●●●●●●●● ○○○○○○○○○	
●●●●●●●●●● ○○○	
●●●●●●●●●● ○○○○	
●●●●●●●●●● ○○○○○	
●●●●●●●●●● ○	
●●●●●●●●●● ○○○○○○○○	
●●●●●●●●●● ○○○	
●●●●●●●●●● ○○○○○○○○○	
●●●●●●●●●● ○○○○	
●●●●●●●●●● ○	
●●●●●●●●●● ○○○○○○	

Wie viele sind es? Schreibe die richtige Zahl.

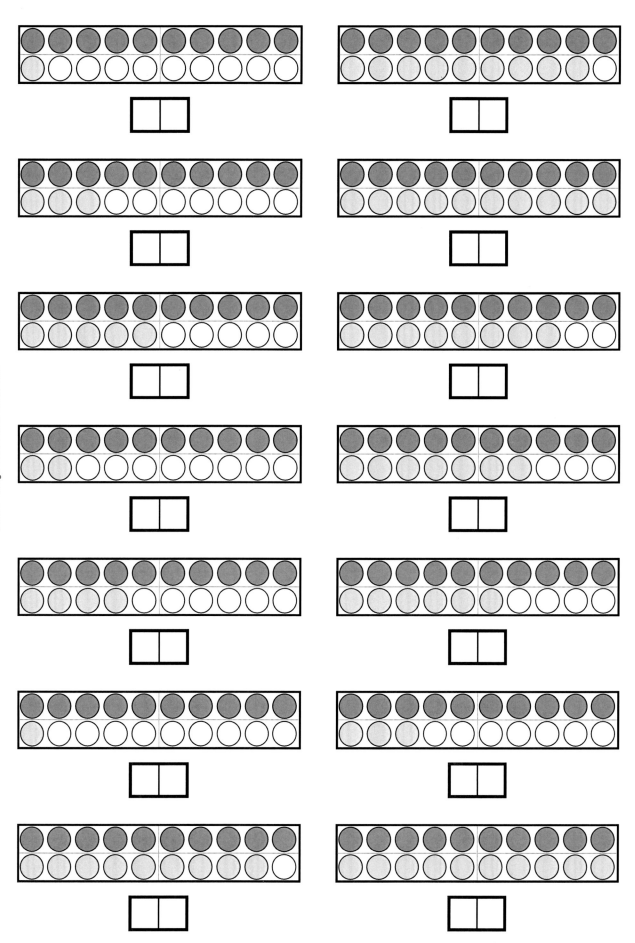

Nachbarzahlen

Nachbarzahlen sind Zahlen, die nebeneinander liegen - z.B. die Zahlenreihe.

| 11 – 12 – 13 – 14 – 15 – 16 – 17 – 18 – 19 - 20 |

Hier ist die Zahl 14 der Vorgänger von der Zahl 15 und die Zahl 16 ist der Nachfolger von der Zahl 15

Vorgänger = V
Zahl = Z
Nachfolger = N

Trage die fehlenden Zahlen ein.

V	Z	N
12		14
	16	
13		15
16		
	12	
	15	
17		19

V	Z	N
	16	
11	12	
18		20
12		
10	11	
	17	
18		

Trage die fehlenden Zahlen ein.

V	Z	N
	13	14
16		
	12	
	18	
	14	
	11	12
14		16
17	18	
15		17
18		20
16		
11		
		12
		20
		17
14		16

V	Z	N
		12
12		
		13
18		
12	13	
	18	
	14	15
	17	
	15	
	16	
10		
11		
18		
		18
		12
		17

Plusrechnen - nur der Zehner ändert sich!

Beispiel:

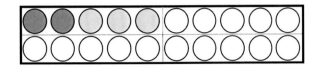

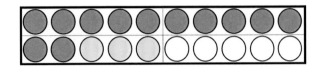

Male und rechne die Aufgaben wie das Beispiel.

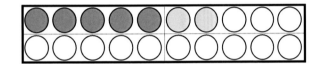

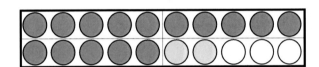

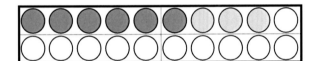

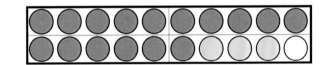

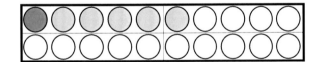

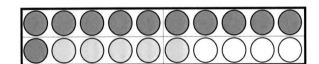

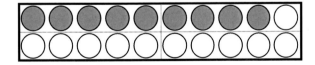

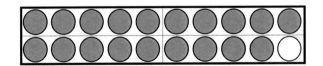

Male und rechne die Aufgaben.

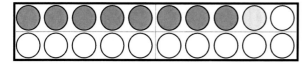

8 + 1 =

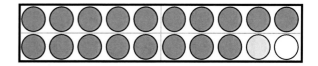

18 + 1 =

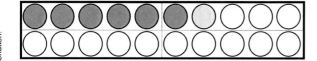

7 + 2 =

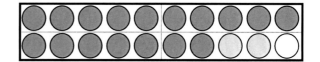

17 + 2 =

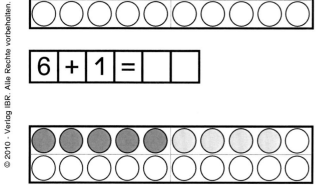

6 + 1 =

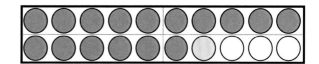

16 + 1 =

5 + 4 =

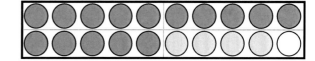

15 + 4 =

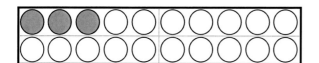

3 + 0 =

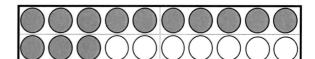

13 + 0 =

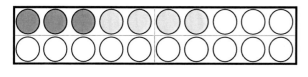

3 + 4 =

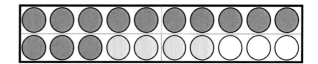

13 + 4 =

Rechne die folgenden Aufgaben.
Schreibe alle Aufgaben auch ins Heft.

| 2 + 3 = | | 3 + 4 = | | 1 + 8 = |
| 12 + 3 = | | 13 + 4 = | | 11 + 8 = |

| 7 + 1 = | | 6 + 0 = | | 1 + 2 = |
| 17 + 1 = | | 16 + 0 = | | 11 + 2 = |

| 7 + 0 = | | 3 + 1 = | | 2 + 7 = |
| 17 + 0 = | | 13 + 1 = | | 12 + 7 = |

| 2 + 1 = | | 5 + 1 = | | 0 + 8 = |
| 12 + 1 = | | 15 + 1 = | | 10 + 8 = |

| 3 + 6 = | | 4 + 4 = | | 1 + 1 = |
| 13 + 6 = | | 14 + 4 = | | 11 + 1 = |

| 2 + 2 = | | 5 + 4 = | | 1 + 4 = |
| 12 + 2 = | | 15 + 4 = | | 11 + 4 = |

| 2 + 7 = | | 3 + 3 = | | 5 + 3 = |
| 12 + 7 = | | 13 + 3 = | | 15 + 3 = |

| 7 + 3 = | | 1 + 9 = | | 2 + 6 = |
| 17 + 3 = | | 11 + 9 = | | 12 + 6 = |

Rechne die folgenden Aufgaben.
Schreibe alle Aufgaben auch ins Heft.

	2	+	4	=	
1	2	+	4	=	

	3	+	5	=	
1	3	+	5	=	

	1	+	9	=	
1	1	+	9	=	

	8	+	1	=	
1	8	+	1	=	

	9	+	0	=	
1	9	+	0	=	

	2	+	2	=	
1	2	+	2	=	

	0	+	0	=	
1	0	+	0	=	

	5	+	1	=	
1	5	+	1	=	

	1	+	7	=	
1	1	+	7	=	

	2	+	6	=	
1	2	+	6	=	

	5	+	0	=	
1	5	+	0	=	

	1	+	8	=	
1	1	+	8	=	

	2	+	6	=	
1	2	+	6	=	

	4	+	1	=	
1	4	+	1	=	

	3	+	1	=	
1	3	+	1	=	

	2	+	7	=	
1	2	+	7	=	

	5	+	3	=	
1	5	+	3	=	

	2	+	4	=	
1	2	+	4	=	

	2	+	3	=	
1	2	+	3	=	

	3	+	4	=	
1	3	+	4	=	

	5	+	4	=	
1	5	+	4	=	

	7	+	0	=	
1	7	+	0	=	

	1	+	3	=	
1	1	+	3	=	

	3	+	5	=	
1	3	+	5	=	

Minusrechnen - nur der Zehner ändert sich!

Beispiel:

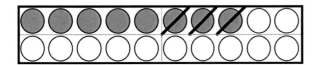

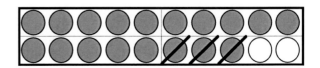

Male und rechne die Aufgaben wie das Beispiel.

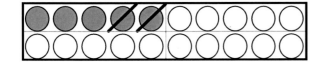
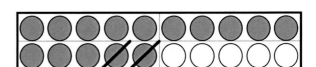

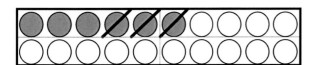
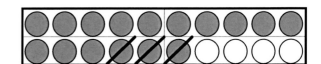

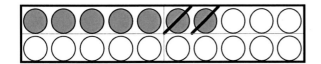
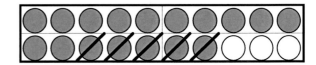

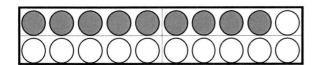
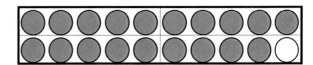

Male und rechne die Aufgaben wie das Beispiel.

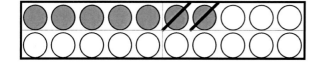

7 - 2 = ☐☐   17 - 2 = ☐☐

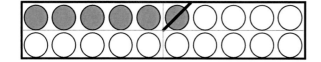

6 - 1 = ☐☐   16 - 1 = ☐☐

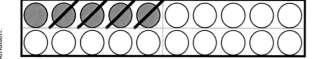

5 - 4 = ☐☐   15 - 4 = ☐☐

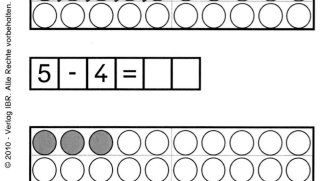

3 - 0 = ☐☐   13 - 0 = ☐☐

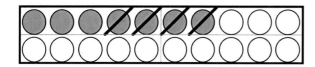

7 - 4 = ☐☐   17 - 4 = ☐☐

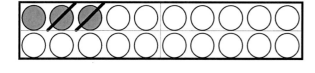

3 - 2 = ☐☐   13 - 2 = ☐☐

Rechne die folgenden Aufgaben.
Schreibe alle Aufgaben auch ins Heft.

| 8 - 3 = | 7 - 4 = | 9 - 8 = |
| 18 - 3 = | 17 - 4 = | 19 - 8 = |

| 7 - 1 = | 6 - 0 = | 6 - 2 = |
| 17 - 1 = | 16 - 0 = | 16 - 2 = |

| 7 - 0 = | 3 - 1 = | 9 - 7 = |
| 17 - 0 = | 13 - 1 = | 19 - 7 = |

| 2 - 1 = | 5 - 1 = | 5 - 4 = |
| 12 - 1 = | 15 - 1 = | 15 - 4 = |

| 9 - 6 = | 4 - 4 = | 1 - 1 = |
| 19 - 6 = | 14 - 4 = | 11 - 1 = |

| 2 - 2 = | 5 - 2 = | 6 - 4 = |
| 12 - 2 = | 15 - 2 = | 16 - 4 = |

| 9 - 5 = | 3 - 3 = | 5 - 3 = |
| 19 - 5 = | 13 - 3 = | 15 - 3 = |

| 7 - 3 = | 3 - 2 = | 8 - 6 = |
| 17 - 3 = | 13 - 2 = | 18 - 6 = |

Rechne die folgenden Aufgaben.
Schreibe alle Aufgaben auch ins Heft.

| 7 - 1 = | | 6 - 0 = | | 5 - 2 = |
| 17 - 1 = | | 16 - 0 = 1 | | 15 - 2 = |

| 7 - 0 = | | 3 - 1 = | | 6 - 5 = |
| 17 - 0 = | | 13 - 1 = | | 16 - 5 = |

| 2 - 1 = | | 5 - 1 = | | 9 - 8 = |
| 12 - 1 = | | 15 - 1 = | | 19 - 8 = |

| 9 - 7 = | | 9 - 5 = | | 10 - 5 = |
| 19 - 7 = | | 19 - 5 = | | 20 - 5 = |

| 10 - 6 = | | 10 - 4 = | | 4 - 4 = |
| 20 - 6 = | | 20 - 4 = | | 14 - 4 = |

| 8 - 5 = | | 7 - 6 = | | 5 - 5 = |
| 18 - 5 = | | 17 - 6 = | | 15 - 5 = |

| 10 - 3 = | | 9 - 3 = | | 8 - 3 = |
| 20 - 3 = | | 19 - 3 = | | 18 - 3 = |

| 4 - 3 = | | 9 - 2 = | | 9 - 6 = |
| 14 - 3 = | | 19 - 2 = | | 19 - 6 = |

Kleiner – gleich – größer

Die Zeichen <kbd>< = ></kbd> helfen, Mengen und Zahlen zu vergleichen.

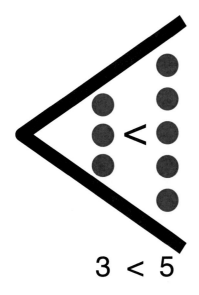
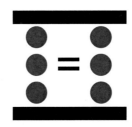
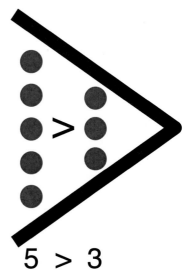

3 < 5   3 = 3   5 > 3

Trage die Zeichen <kbd>< = ></kbd> ein.

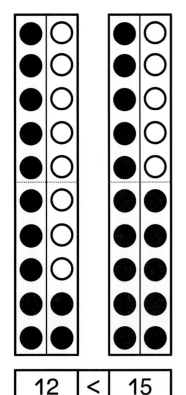
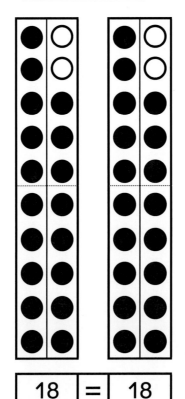
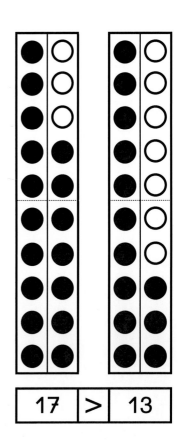

12 < 15   18 = 18   17 > 13

Trage die Zeichen 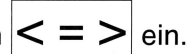 ein.

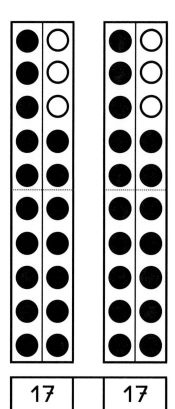

| 9 | | 16 | | 17 | | 17 | | 19 | | 15 |

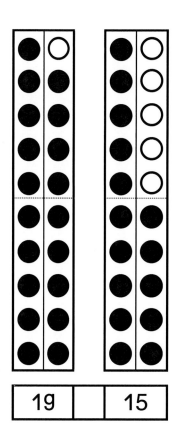

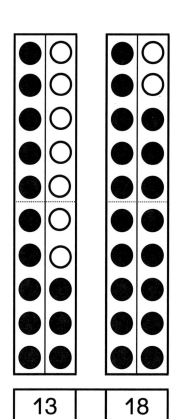

| 13 | | 18 | | 20 | | 20 | | 14 | | 15 |

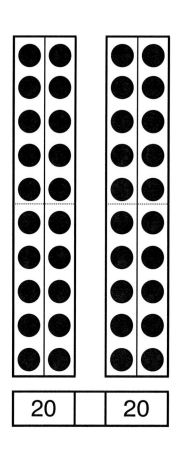

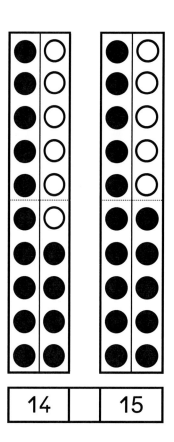

Trage die Zeichen < = > ein.

| 16 > 15 | 10 > 8 | 16 > 11 |
| 14 = 14 | 13 < 20 | 12 < 19 |

Trage die Zeichen < = > ein.

15	>	10
16		16
14		19
12		20
19		13

10	<	20
13		12
10		15
17		13
12		19

13		10
13		15
15		15
16		13
14		11

18		12
18		10
19		20
19		10
17		16

10		10
11		15
12		18
14		10
19		17

7		11
6		19
1		11
2		12
20		12

15		16
15		13
12		16
20		10
10		18

16		5
16		20
14		2
12		4
11		8

10		14
19		15
18		18
16		10
13		17

3		12
5		14
7		16
20		19
4		16

19		4
18		0
20		3
10		9
13		6

17		15
11		11
18		18
15		14
17		18

Intensives Training – Plusrechnen
Schreibe alle Aufgaben auch ins Heft.

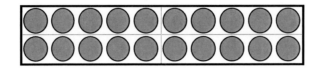

Immer 20

10	+			=	2	0
17	+			=	2	0
15	+			=	2	0
11	+			=	2	0
19	+			=	2	0

	+	8	=	2	0
	+	4	=	2	0
	+	1	=	2	0
	+	0	=	2	0
	+	10	=	2	0

2	0	+	0	=		
1	3	+	7	=		
1	1	+	9	=		
1	5	+	5	=		
1	0	+	10	=		

16	+		=	2	0
12	+		=	2	0
14	+		=	2	0
18	+		=	2	0
13	+		=	2	0

	+	5	=	2	0
	+	3	=	2	0
	+	7	=	2	0
	+	4	=	2	0
	+	9	=	2	0

19	+	1	=		
17	+	3	=		
12	+	8	=		
14	+	6	=		
18	+	2	=		

2	0	=	1	1	+	
2	0	=	1	9	+	
2	0	=	1	2	+	
2	0	=	1	8	+	
2	0	=	1	5	+	

2	0	=		+	7
2	0	=		+	3
2	0	=		+	5
2	0	=		+	4
2	0	=		+	10

Intensives Training – Plusrechnen
Schreibe alle Aufgaben auch ins Heft.

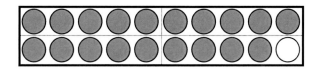

Immer 19

1	0	+			=	1	9
1	7	+			=	1	9
1	5	+			=	1	9
1	1	+			=	1	9
1	9	+			=	1	9

		+	8		=	1	9
		+	4		=	1	9
		+	1		=	1	9
		+	0		=	1	9
		+	1	0	=	1	9

1	9	+	0	=		
1	3	+	6	=		
1	1	+	8	=		
1	5	+	4	=		
1	0	+	9	=		

1	6	+			=	1	9
1	2	+			=	1	9
1	4	+			=	1	9
1	8	+			=	1	9
1	3	+			=	1	9

		+	5	=	1	9
		+	3	=	1	9
		+	7	=	1	9
		+	4	=	1	9
		+	9	=	1	9

	9	+	1	0	=		
1	7	+	2		=		
1	2	+	7		=		
1	4	+	5		=		
1	8	+	1		=		

1	9	=	1	0	+		
1	9	=	1	8	+		
1	9	=	1	1	+		
1	9	=	1	7	+		
1	9	=	1	4	+		

1	9	=			+	6
1	9	=			+	2
1	9	=			+	4
1	9	=			+	3
1	9	=			+	9

Intensives Training – Plusrechnen
Schreibe alle Aufgaben auch ins Heft.

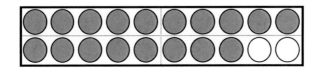

Immer 18

1	6	+		=	1	8
1	4	+		=	1	8
1	8	+		=	1	8
1	0	+		=	1	8
1	7	+		=	1	8

	+	0	=	1	8
	+	5	=	1	8
	+	8	=	1	8
	+	1	=	1	8
	+	6	=	1	8

1	3	+	5	=	
1	6	+	2	=	
1	0	+	8	=	
1	2	+	6	=	
1	7	+	1	=	

1	1	+		=	1	8
1	5	+		=	1	8
1	3	+		=	1	8
1	2	+		=	1	8
1	4	+		=	1	8

1	8	=	1	5	+	
1	8	=	1	1	+	
1	8	=	1	6	+	
1	8	=	1	4	+	
1	8	=	1	2	+	

1	8	=		+	4
1	8	=		+	7
1	8	=		+	0
1	8	=		+	3
1	8	=		+	5

Intensives Training – Plusrechnen
Schreibe alle Aufgaben auch ins Heft.

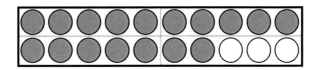

Immer 17

1	0	+			=	1	7
1	6	+			=	1	7
1	3	+			=	1	7
1	7	+			=	1	7
1	2	+			=	1	7

		+	1	=	1	7
		+	5	=	1	7
		+	4	=	1	7
		+	7	=	1	7
		+	6	=	1	7

1	7	=	1	5	+		
1	7	=	1	1	+		
1	7	=	1	4	+		
1	7	=	1	0	+		
1	7	=	1	7	+		

1	7	=			+	4
1	7	=			+	1
1	7	=			+	5
1	7	=			+	7
1	7	=			+	3

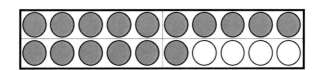

Immer 16

1	0	+			=	1	6
1	6	+			=	1	6
1	3	+			=	1	6
1	5	+			=	1	6
1	2	+			=	1	6

		+	0	=	1	6
		+	4	=	1	6
		+	3	=	1	6
		+	6	=	1	6
		+	5	=	1	6

Intensives Training – Plusrechnen
Schreibe alle Aufgaben auch ins Heft.

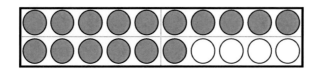

Immer 16

1	6	=	1	5	+		
1	6	=	1	1	+		
1	6	=	1	4	+		
1	6	=	1	0	+		
1	6	=	1	6	+		

1	6	=			+	3
1	6	=			+	0
1	6	=			+	4
1	6	=			+	6
1	6	=			+	2

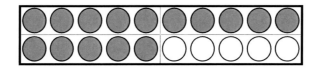

Immer 15

1	0	+			=	1	5
1	5	+			=	1	5
1	3	+			=	1	5
1	1	+			=	1	5
1	2	+			=	1	5

		+	0	=	1	5
		+	4	=	1	5
		+	3	=	1	5
		+	5	=	1	5
		+	1	=	1	5

1	5	=	1	5	+		
1	5	=	1	1	+		
1	5	=	1	4	+		
1	5	=	1	0	+		
1	5	=	1	3	+		

1	5	=			+	3
1	5	=			+	0
1	5	=			+	4
1	5	=			+	2
1	5	=			+	1

Intensives Training – Plusrechnen

Schreibe alle Aufgaben auch ins Heft.

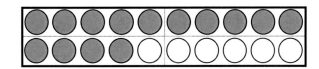

Immer 14

1	4	=	1	4	+		
1	4	=	1	1	+		
1	4	=	1	3	+		
1	4	=	1	0	+		
1	4	=	1	2	+		

		+	0	=	1	4
		+	2	=	1	4
		+	3	=	1	4
		+	4	=	1	4
		+	1	=	1	4

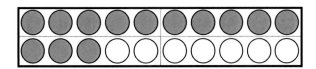

Immer 13

1	3	=	1	3	+		
1	3	=	1	0	+		
1	3	=	1	2	+		
1	3	=	1	1	+		

		+	0	=	1	3
		+	2	=	1	3
		+	3	=	1	3
		+	1	=	1	3

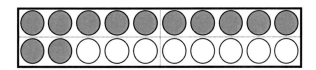

Immer 12

1	2	=	1	2	+		
1	2	=	1	0	+		
1	2	=	1	1	+		

		+	0	=	1	2
		+	2	=	1	2
		+	1	=	1	2

Intensives Training – Minusrechnen

Schreibe alle Aufgaben auch ins Heft.

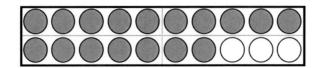

Immer 17

1	7	=	1	7	-		
1	7	=	2	0	-		
1	7	=	1	8	-		
1	7	=	1	9	-		

		-	0	=	1	7
		-	2	=	1	7
		-	3	=	1	7
		-	1	=	1	7

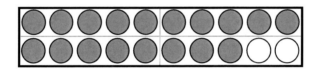

Immer 18

1	8	=	1	8	-		
1	8	=	1	9	-		
1	8	=	2	0	-		

		-	0	=	1	8
		-	2	=	1	8
		-	1	=	1	8

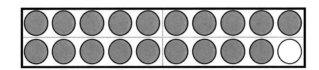

Immer 19

1	9	=	1	9	-		
1	9	=	2	0	-		

		-	0	=	1	9
		-	9	=	1	9

Intensives Training – Minusrechnen
Schreibe alle Aufgaben auch ins Heft.

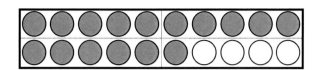

Immer 16

1	6	=	1	7	-		
1	6	=	2	0	-		
1	6	=	1	8	-		
1	6	=	1	9	-		

1	6	=			-	3
1	6	=			-	0
1	6	=			-	4
1	6	=			-	1

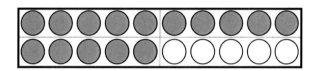

Immer 15

2	0	-			=	1	5
1	5	-			=	1	5
1	7	-			=	1	5
1	9	-			=	1	5
1	8	-			=	1	5

		-	0	=	1	5
		-	4	=	1	5
		-	3	=	1	5
		-	5	=	1	5
		-	1	=	1	5

1	5	=	1	5	-		
1	5	=	1	9	-		
1	5	=	1	6	-		
1	5	=	2	0	-		
1	5	=	1	7	-		

1	5	=			-	3
1	5	=			-	0
1	5	=			-	4
1	5	=			-	2
1	5	=			-	1

Intensives Training – Minusrechnen
Schreibe alle Aufgaben auch ins Heft.

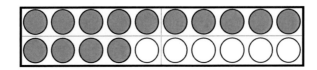

Immer 14

1	4	=	1	7	-		
1	4	=	2	0	-		
1	4	=	1	8	-		
1	4	=	1	9	-		
1	4	=	1	4	-		
1	4	=	1	5	-		

		-	2	=	1	4
		-	4	=	1	4
		-	3	=	1	4
		-	5	=	1	4
		-	1	=	1	4
		-	0	=	1	4

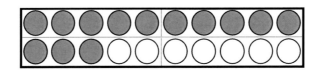

Immer 13

2	0	-			=	1	3
1	3	-			=	1	3
1	7	-			=	1	3
1	9	-			=	1	3
1	8	-			=	1	3

		-	0	=	1	3
		-	6	=	1	3
		-	5	=	1	3
		-	7	=	1	3
		-	3	=	1	3

1	3	=	1	3	-		
1	3	=	1	9	-		
1	3	=	1	6	-		
1	3	=	2	0	-		
1	3	=	1	7	-		

1	3	=			-	5
1	3	=			-	0
1	3	=			-	6
1	3	=			-	4
1	3	=			-	3

Intensives Training – Minusrechnen
Schreibe alle Aufgaben auch ins Heft.

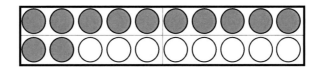

Immer 12

1	4	-			=	1	2
1	7	-			=	1	2
1	5	-			=	1	2
2	0	-			=	1	2
1	2	-			=	1	2

		-	1	=	1	2
		-	0	=	1	2
		-	2	=	1	2
		-	4	=	1	2
		-	6	=	1	2

1	2	-	0	=		
1	3	-	1	=		
1	9	-	7	=		
1	5	-	3	=		
2	0	-	8	=		

1	6	-			=	1	2
1	2	-			=	1	2
1	4	-			=	1	2
1	8	-			=	1	2
1	3	-			=	1	2

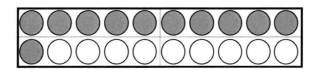

Immer 11

2	0	-			=	1	1
1	1	-			=	1	1
1	7	-			=	1	1
1	9	-			=	1	1
1	8	-			=	1	1

		-	1	=	1	1
		-	5	=	1	1
		-	2	=	1	1
		-	4	=	1	1
		-	3	=	1	1

Intensives Training – Minusrechnen
Schreibe alle Aufgaben auch ins Heft.

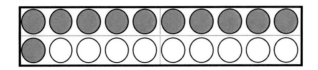

Immer 11

1	1	=	1	1	-	
1	1	=	1	9	-	
1	1	=	1	6	-	
1	1	=	2	0	-	
1	1	=	1	7	-	
1	1	=	1	1	-	

1	1	=			-	7
1	1	=			-	2
1	1	=			-	4
1	1	=			-	3
1	1	=			-	5
1	1	=			-	7

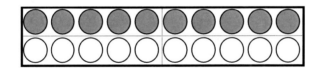

Immer 10

2	0	-			=	1	0
1	3	-			=	1	0
1	5	-			=	1	0
1	9	-			=	1	0
1	8	-			=	1	0

		-	1		=	1	0
		-	6		=	1	0
		-	9		=	1	0
		-	0		=	1	0
		-	1	0	=	1	0

1	0	-	0		=		
1	7	-	7		=		
1	9	-	9		=		
1	5	-	5		=		
2	0	-	1	0	=		

1	6	-			=	1	0
1	1	-			=	1	0
1	4	-			=	1	0
1	8	-			=	1	0
1	3	-			=	1	0

Intensives Training – Minusrechnen

Schreibe alle Aufgaben auch ins Heft.

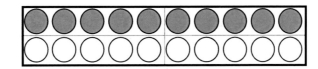

Immer 10

		-	5	=	1	0
		-	7	=	1	0
		-	3	=	1	0
		-	6	=	1	0
		-	1	=	1	0

1	9	-		9	=		
2	0	-	1	0	=		
1	1	-		1	=		
1	4	-		4	=		
1	8	-		8	=		

1	0	=	1	1	-		
1	0	=	1	9	-		
1	0	=	1	4	-		
1	0	=	1	8	-		
1	0	=	1	5	-		

1	0	=			-		7
1	0	=			-		3
1	0	=			-		5
1	0	=			-		6
1	0	=			-	1	0

Gemischte Aufgaben

Schreibe alle Aufgaben auch ins Heft.

1	0	+			=	2	0
1	7	+			=	1	9
1	5	-			=	1	1
1	1	-			=	1	4
1	9	-			=	1	0

		+		1	=	1	2
		+		1	=	1	6
		+		0	=	1	8
		-		6	=	1	3
		-		3	=	1	7

Gemischte Aufgaben
Schreibe alle Aufgaben auch ins Heft.

1	9	-		8	=		
1	3	+		6	=		
1	1	+		7	=		
1	5	-		1	=		
1	0	+		5	=		

1	6	+			=	2	0
1	2	+			=	1	6
1	4	+			=	1	7
1	8	-			=	1	0
1	3	-			=	1	2

		-	4	=	1	0
		-	3	=	1	3
		+	4	=	1	6
		-	3	=	1	2
		+	4	=	1	4

1	9	-		4	=		
1	7	+		1	=		
1	2	+		7	=		
1	4	-		3	=		
1	8	-		6	=		

2	0	=	1	0	+		
1	0	=	1	8	-		
1	7	=	1	9	-		
1	1	=	1	7	-		
1	4	=	1	4	+		

2	0	=			+	6
2	0	=			+	2
2	0	=			+	4
1	0	=			-	6
1	0	=			-	0

		+	4	=	1	8
		+	3	=	1	9
		-	4	=	1	5
		+	3	=	1	8
		-	4	=	1	6

1	1	+		4	=		
1	7	-		1	=		
2	0	-		7	=		
1	4	+		3	=		
1	2	+		6	=		

Tabellenrechnen

Trage die Ergebnisse in die Tabelle ein und schreibe die Aufgaben ins Heft.

Beispiel:

+	1	2
10	11	12
11	12	13

10	+	1	=	11
10	+	2	=	12
11	+	1	=	12
11	+	2	=	13

(a)

+	2	3	4	5	6
10					
11					
12					
13					

(b)

+	5	4	3	2	1
5					
4					
3					
2					

(c)

-	2	3	4	5	6
20					
19					
18					
17					

(d)

-	6	7	8	9	0
19					
20					
10					
9					

Die letzte Übung:
Suche die gleichen Gesichter und male sie an.

Lösungen

Lösung Seite 3

✎ Immer 10

a)
9	+	1	=	1	0
7	+	3	=	1	0
2	+	8	=	1	0
5	+	5	=	1	0
6	+	4	=	1	0

b)
8	+	2	=	1	0
6	+	4	=	1	0
3	+	7	=	1	0
2	+	8	=	1	0
0	+	10	=	1	0

c)
1	+	9	=	1	0
3	+	7	=	1	0
4	+	6	=	1	0
8	+	2	=	1	0
10	+	0	=	1	0

d)
3	+	7	=	1	0
2	+	8	=	1	0
9	+	1	=	1	0
7	+	3	=	1	0
5	+	5	=	1	0

e)
9	+	1	=	1	0
4	+	6	=	1	0
5	+	5	=	1	0
1	+	9	=	1	0
7	+	3	=	1	0

f)
4	+	6	=	1	0
5	+	5	=	1	0
10	+	0	=	1	0
1	+	9	=	1	0
8	+	2	=	1	0

Lösung Seite 4

✎ Immer 9

a)
9	+	0	=	9
7	+	2	=	9
2	+	7	=	9
5	+	4	=	9
6	+	3	=	9

b)
1	+	8	=	9
3	+	6	=	9
4	+	5	=	9
8	+	1	=	9
5	+	4	=	9

c)
8	+	1	=	9
3	+	6	=	9
4	+	5	=	9
0	+	9	=	9
6	+	3	=	9

d)
7	+	2	=	9
5	+	4	=	9
2	+	7	=	9
1	+	8	=	9
4	+	5	=	9

e)
1	+	8	=	9
3	+	6	=	9
9	+	0	=	9
7	+	2	=	9
6	+	3	=	9

f)
4	+	5	=	9
5	+	4	=	9
1	+	8	=	9
8	+	1	=	9
6	+	3	=	9

Lösung Seite 5

✎ Immer 8

a)
8	+	0	=	8
7	+	1	=	8
2	+	6	=	8
5	+	3	=	8
6	+	2	=	8

b)
1	+	7	=	8
3	+	5	=	8
4	+	4	=	8
2	+	6	=	8
8	+	0	=	8

c)
7	+	1	=	8
2	+	6	=	8
3	+	5	=	8
5	+	3	=	8
6	+	2	=	8

d)
0	+	8	=	8
1	+	7	=	8
4	+	4	=	8
8	+	0	=	8
2	+	6	=	8

e)
2	+	6	=	8
8	+	0	=	8
4	+	4	=	8
5	+	3	=	8
7	+	1	=	8

f)
6	+	2	=	8
3	+	5	=	8
1	+	7	=	8
0	+	8	=	8
8	+	0	=	8

Lösung Seite 6

✎ Immer 7

a)
7	+	0	=	7
2	+	5	=	7
5	+	2	=	7
6	+	1	=	7
1	+	6	=	7

b)
4	+	3	=	7
3	+	4	=	7
0	+	7	=	7
7	+	0	=	7
6	+	1	=	7

g)
2	+	5	=	7
7	+	0	=	7
6	+	1	=	7
3	+	4	=	7
4	+	3	=	7

h)
5	+	2	=	7
1	+	6	=	7
0	+	7	=	7
7	+	0	=	7
2	+	5	=	7

✎ Immer 6

a)
2	+	4	=	6
5	+	1	=	6
6	+	0	=	6
1	+	5	=	6
3	+	3	=	6

b)
4	+	2	=	6
0	+	6	=	6
1	+	5	=	6
5	+	1	=	6
6	+	0	=	6

c)
5	+	1	=	6
0	+	6	=	6
1	+	5	=	6
3	+	3	=	6
4	+	2	=	6

d)
5	+	1	=	6
1	+	5	=	6
0	+	6	=	6
6	+	0	=	6
2	+	4	=	6

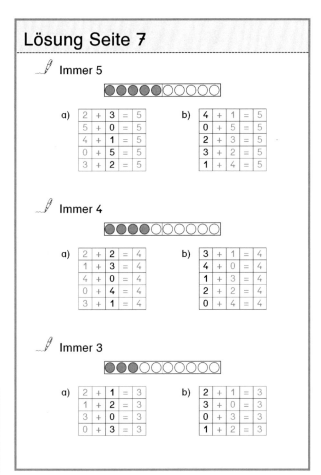
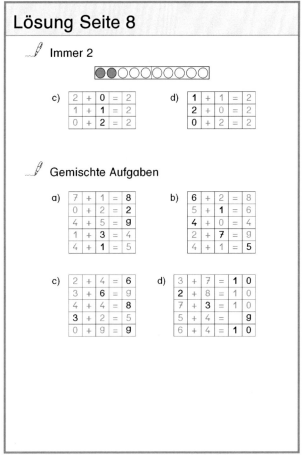
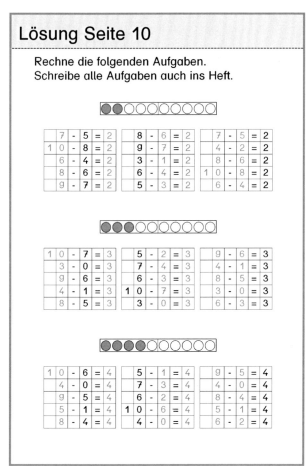
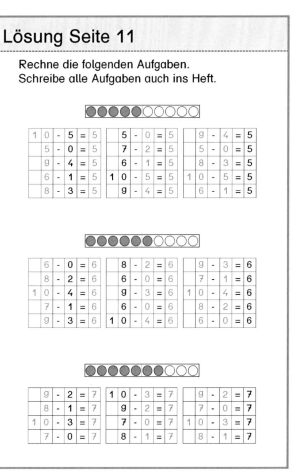

Lösung Seite 12

Rechne die folgenden Aufgaben.
Schreibe alle Aufgaben auch ins Heft.

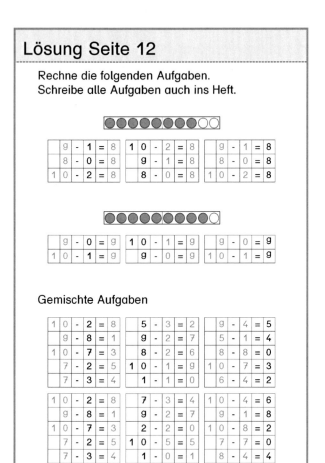

Gemischte Aufgaben

Lösung Seite 13

Ergänzungsaufgaben
Schreibe alle Aufgaben auch ins Heft.

Lösung Seite 15

Aufbau der Zahlen
10 bis 20 als Plusaufgabe

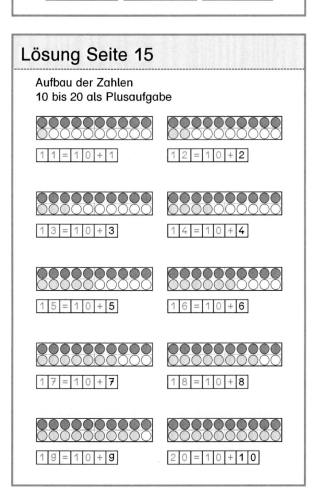

Lösung Seite 16

Wie heißt die Zahl?

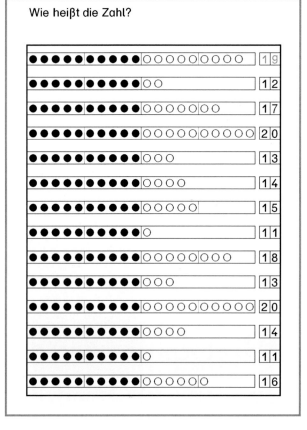

Lösung Seite 17

Wie viele sind es? Schreibe die richtige Zahl.

11	19
13	20
15	18
12	17
14	16
11	13
19	20

Lösung Seite 18

 Nachbarzahlen

Nachbarzahlen sind Zahlen, die nebeneinander liegen - z.B. die Zahlenreihe.

11 – 12 – 13 – 14 – 15 – 16 – 17 – 18 – 19 - 20.

Hier ist die Zahl 14 der Vorgänger von der Zahl 15 und die Zahl 16 ist der Nachfolger von der Zahl 15

Vorgänger = V
Zahl = Z
Nachfolger = N

Trage die fehlenden Zahlen ein.

V	Z	N		V	Z	N
12	13	14		15	16	17
15	16	17		11	12	13
13	14	15		18	19	20
16	17	18		12	13	14
11	12	13		10	11	12
14	15	16		16	17	18
17	18	19		18	19	20

Lösung Seite 19

Trage die fehlenden Zahlen ein.

V	Z	N		V	Z	N
12	13	14		10	11	12
16	17	18		12	13	14
11	12	13		11	12	13
17	18	19		18	19	20
13	14	15		12	13	14
10	11	12		17	18	19
14	15	16		13	14	15
17	18	19		16	17	18
15	16	17		14	15	16
18	19	20		15	16	17
16	17	18		10	11	12
11	12	13		11	12	13
10	11	12		18	19	20
18	19	20		16	17	18
15	16	17		10	11	12
14	15	16		15	16	17

Lösung Seite 20

Plusrechnen - nur der Zehner ändert sich!

Beispiel:

2 + 3 = 5   12 + 3 = 15

Male und rechne die Aufgaben wie das Beispiel.

5 + 2 = 7   15 + 2 = 17

6 + 3 = 9   16 + 3 = 19

1 + 5 = 6   11 + 5 = 16

9 + 0 = 9   19 + 0 = 19

Heft M3

Lösung Seite 21

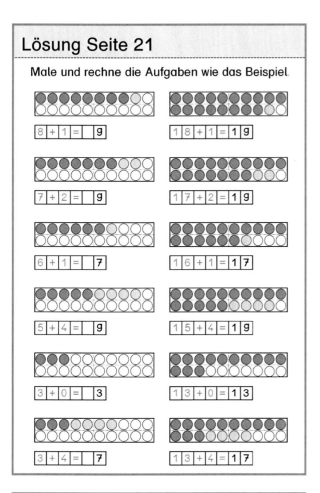

Lösung Seite 22

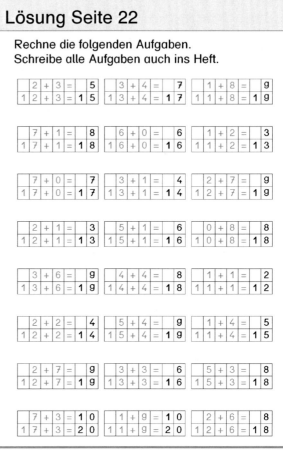

Lösung Seite 23

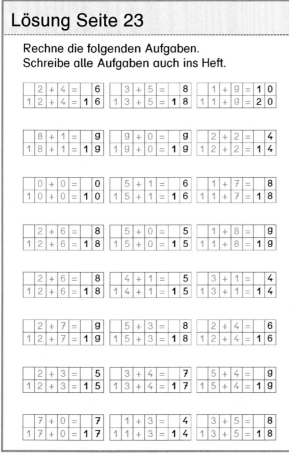

Lösung Seite 24

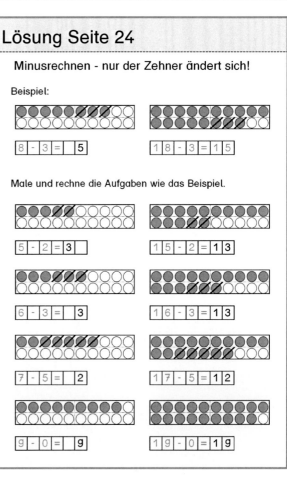

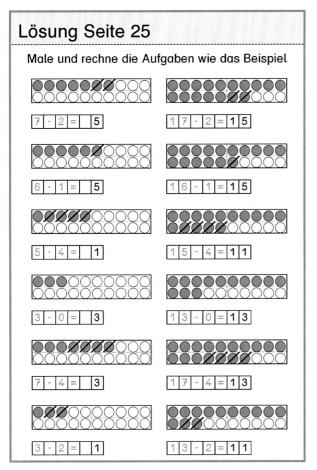
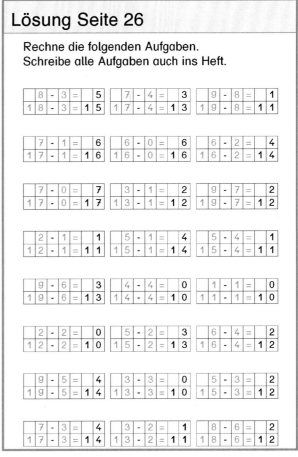
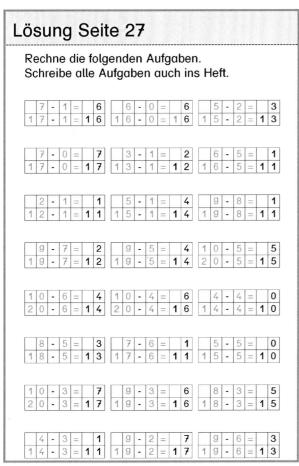
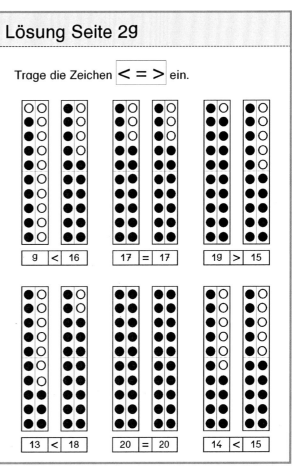

Lösung Seite 30

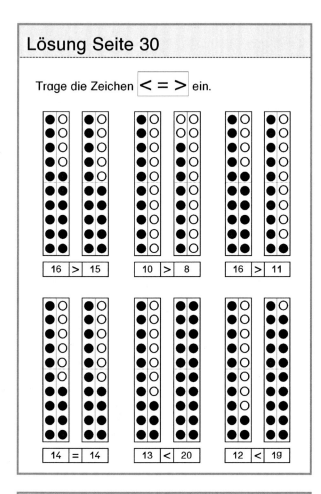

Lösung Seite 31

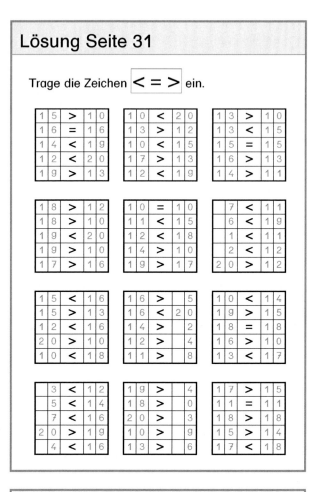

Lösung Seite 32

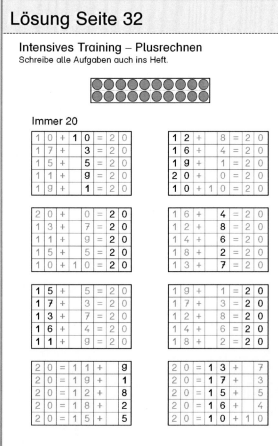

Lösung Seite 33

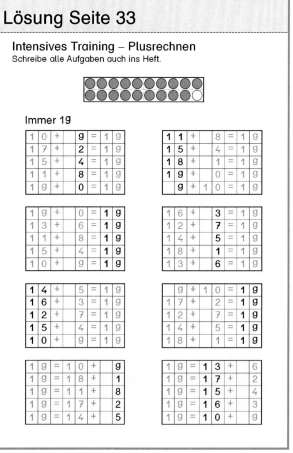

Lösung Seite 34

Intensives Training – Plusrechnen
Schreibe alle Aufgaben auch ins Heft.

Immer 18

1 6 +	**2**	= 1 8
1 4 +	**4**	= 1 8
1 8 +	**0**	= 1 8
1 0 +	**8**	= 1 8
1 7 +	**1**	= 1 8

1 8 +	0	= 1 8
1 3 +	5	= 1 8
1 0 +	8	= 1 8
1 7 +	1	= 1 8
1 2 +	6	= 1 8

1 3 +	**5**	= **1 8**
1 6 +	**2**	= **1 8**
1 0 +	**8**	= **1 8**
1 2 +	**6**	= **1 8**
1 7 +	**1**	= **1 8**

1 1 +	**7**	= 1 8
1 5 +	3	= 1 8
1 3 +	5	= 1 8
1 2 +	6	= 1 8
1 4 +	4	= 1 8

1 8 = 1 5 +	**3**
1 8 = 1 1 +	**7**
1 8 = 1 6 +	**2**
1 8 = 1 4 +	**4**
1 8 = 1 2 +	**6**

1 8 = **1 4** +	4
1 8 = **1 1** +	7
1 8 = **1 8** +	0
1 8 = **1 5** +	3
1 8 = **1 3** +	5

Lösung Seite 35

Intensives Training – Plusrechnen
Schreibe alle Aufgaben auch ins Heft.

Immer 17

1 0 +	**7**	= 1 7
1 6 +	**1**	= 1 7
1 3 +	**4**	= 1 7
1 7 +	**0**	= 1 7
1 2 +	**5**	= 1 7

1 6 +	1	= 1 7
1 2 +	5	= 1 7
1 3 +	4	= 1 7
1 0 +	7	= 1 7
1 1 +	6	= 1 7

1 7 = 1 5 +	**2**
1 7 = 1 1 +	**6**
1 7 = 1 4 +	**3**
1 7 = 1 0 +	**7**
1 7 = 1 7 +	**0**

1 7 = **1 3** +	4
1 7 = **1 6** +	1
1 7 = **1 2** +	5
1 7 = **1 0** +	7
1 7 = **1 4** +	3

Immer 16

1 0 +	**6**	= 1 6
1 6 +	**0**	= 1 6
1 3 +	**3**	= 1 6
1 5 +	**1**	= 1 6
1 2 +	**4**	= 1 6

1 6 +	0	= 1 6
1 2 +	4	= 1 6
1 3 +	3	= 1 6
1 0 +	6	= 1 6
1 1 +	5	= 1 6

Lösung Seite 36

Intensives Training – Plusrechnen
Schreibe alle Aufgaben auch ins Heft.

Immer 16

1 6 = 1 5 +	**1**
1 6 = 1 1 +	**5**
1 6 = 1 4 +	**2**
1 6 = 1 0 +	**6**
1 6 = 1 6 +	**0**

1 6 = 1 3 +	3
1 6 = 1 6 +	0
1 6 = 1 2 +	4
1 6 = 1 0 +	6
1 6 = 1 4 +	2

Immer 15

1 0 +	**5**	= 1 5
1 5 +	**0**	= 1 5
1 3 +	**2**	= 1 5
1 1 +	**4**	= 1 5
1 2 +	**3**	= 1 5

1 5 +	0	= 1 5
1 1 +	4	= 1 5
1 2 +	3	= 1 5
1 0 +	5	= 1 5
1 4 +	1	= 1 5

1 5 = 1 5 +	**0**
1 5 = 1 1 +	**4**
1 5 = 1 4 +	**1**
1 5 = 1 0 +	**5**
1 5 = 1 3 +	**2**

1 5 = **1 2** +	3
1 5 = **1 5** +	0
1 5 = **1 1** +	4
1 5 = **1 3** +	2
1 5 = **1 4** +	1

Lösung Seite 37

Intensives Training – Plusrechnen
Schreibe alle Aufgaben auch ins Heft.

Immer 14

1 4 = 1 4 +	**0**
1 4 = 1 1 +	**3**
1 4 = 1 3 +	**1**
1 4 = 1 0 +	**4**
1 4 = 1 2 +	**2**

1 4 +	0	= 1 4
1 2 +	2	= 1 4
1 1 +	3	= 1 4
1 0 +	4	= 1 4
1 3 +	1	= 1 4

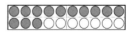

Immer 13

1 3 = 1 3 +	**0**
1 3 = 1 0 +	**3**
1 3 = 1 2 +	**1**
1 3 = 1 1 +	**2**

1 3 +	0	= 1 3
1 1 +	2	= 1 3
1 0 +	3	= 1 3
1 2 +	1	= 1 3

Immer 12

1 2 = 1 2 +	**0**
1 2 = 1 0 +	**2**
1 2 = 1 1 +	**1**

1 2 +	0	= 1 2
1 0 +	2	= 1 2
1 1 +	1	= 1 2

Lösung Seite 38

Intensives Training – Minusrechnen
Schreibe alle Aufgaben auch ins Heft.

Immer 17

1 7	=	1 7	-	0
1 7	=	2 0	-	3
1 7	=	1 8	-	1
1 7	=	1 9	-	2

1 7	-	0	=	1 7
1 9	-	2	=	1 7
2 0	-	3	=	1 7
1 8	-	1	=	1 7

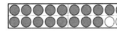

Immer 18

1 8	=	1 8	-	0
1 8	=	1 9	-	1
1 8	=	2 0	-	2

1 8	-	0	=	1 8
2 0	-	2	=	1 8
1 9	-	1	=	1 8

Immer 19

1 9	=	1 9	-	0
1 9	=	2 0	-	1

1 9	-	0	=	1 9
2 0	-	9	=	1 9

Lösung Seite 39

Intensives Training – Minusrechnen
Schreibe alle Aufgaben auch ins Heft.

Immer 16

1 6	=	1 7	-	1
1 6	=	2 0	-	4
1 6	=	1 8	-	2
1 6	=	1 9	-	3

1 6	=	1 9	-	3
1 6	=	1 6	-	0
1 6	=	2 0	-	4
1 6	=	1 7	-	1

Immer 15

2 0	-	5	=	1 5
1 5	-	0	=	1 5
1 7	-	2	=	1 5
1 9	-	4	=	1 5
1 8	-	3	=	1 5

1 5	-	0	=	1 5
1 9	-	4	=	1 5
1 8	-	3	=	1 5
2 0	-	5	=	1 5
1 6	-	1	=	1 5

1 5	=	1 5	-	0
1 5	=	1 9	-	4
1 5	=	1 6	-	1
1 5	=	2 0	-	5
1 5	=	1 7	-	2

1 5	=	1 8	-	3
1 5	=	1 5	-	0
1 5	=	1 9	-	4
1 5	=	1 7	-	2
1 5	=	1 6	-	1

Lösung Seite 40

Intensives Training – Minusrechnen
Schreibe alle Aufgaben auch ins Heft.

Immer 14

1 4	=	1 7	-	3
1 4	=	2 0	-	6
1 4	=	1 8	-	4
1 4	=	1 9	-	5
1 4	=	1 4	-	0
1 4	=	1 5	-	1

1 6	-	2	=	1 4
1 8	-	4	=	1 4
1 7	-	3	=	1 4
1 9	-	5	=	1 4
1 5	-	1	=	1 4
1 4	-	0	=	1 4

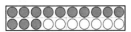

Immer 13

2 0	-	7	=	1 3
1 3	-	0	=	1 3
1 7	-	4	=	1 3
1 9	-	6	=	1 3
1 8	-	5	=	1 3

1 3	-	0	=	1 3
1 9	-	6	=	1 3
1 8	-	5	=	1 3
2 0	-	7	=	1 3
1 6	-	3	=	1 3

1 3	=	1 3	-	0
1 3	=	1 9	-	6
1 3	=	1 6	-	3
1 3	=	2 0	-	7
1 3	=	1 7	-	4

1 3	=	1 8	-	5
1 3	=	1 3	-	0
1 3	=	1 9	-	6
1 3	=	1 7	-	4
1 3	=	1 6	-	3

Lösung Seite 41

Intensives Training – Minusrechnen
Schreibe alle Aufgaben auch ins Heft.

Immer 12

1 4	-	2	=	1 2
1 7	-	5	=	1 2
1 5	-	3	=	1 2
2 0	-	8	=	1 2
1 2	-	0	=	1 2

1 3	-	1	=	1 2
1 2	-	0	=	1 2
1 4	-	2	=	1 2
1 6	-	4	=	1 2
1 8	-	6	=	1 2

1 2	-	0	=	1 2
1 3	-	1	=	1 2
1 9	-	7	=	1 2
1 5	-	3	=	1 2
2 0	-	8	=	1 2

1 6	-	4	=	1 2
1 2	-	0	=	1 2
1 4	-	2	=	1 2
1 8	-	6	=	1 2
1 3	-	1	=	1 2

Immer 11

2 0	-	9	=	1 1
1 1	-	0	=	1 1
1 7	-	6	=	1 1
1 9	-	8	=	1 1
1 8	-	7	=	1 1

1 2	-	1	=	1 1
1 6	-	5	=	1 1
1 3	-	2	=	1 1
1 5	-	4	=	1 1
1 4	-	3	=	1 1

Lösung Seite 42

Intensives Training – Minusrechnen
Schreibe alle Aufgaben auch ins Heft.

Immer 11

11	=	11	–	0
11	=	19	–	8
11	=	16	–	5
11	=	20	–	9
11	=	17	–	6
11	=	11	–	0

11	=	18	–	7
11	=	13	–	2
11	=	15	–	4
11	=	14	–	3
11	=	16	–	5
11	=	18	–	7

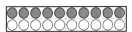

Immer 10

20	–	10	=	10
13	–	3	=	10
15	–	5	=	10
19	–	9	=	10
18	–	8	=	10

11	–	1	=	10
16	–	6	=	10
19	–	9	=	10
10	–	0	=	10
20	–	10	=	10

10	–	0	=	10
17	–	7	=	10
19	–	9	=	10
15	–	5	=	10
20	–	10	=	10

16	–	6	=	10
11	–	1	=	10
14	–	4	=	10
18	–	8	=	10
13	–	3	=	10

Lösung Seite 43

Intensives Training – Minusrechnen
Schreibe alle Aufgaben auch ins Heft.

Immer 10

15	–	5	=	10
17	–	7	=	10
13	–	3	=	10
16	–	6	=	10
11	–	1	=	10

19	–	9	=	10
20	–	10	=	10
11	–	1	=	10
14	–	4	=	10
18	–	8	=	10

10	=	11	–	1
10	=	19	–	9
10	=	14	–	4
10	=	18	–	8
10	=	15	–	5

10	=	17	–	7
10	=	13	–	3
10	=	15	–	5
10	=	16	–	6
10	=	20	–	10

Gemischte Aufgaben
Schreibe alle Aufgaben auch ins Heft.

10	+	10	=	20
17	+	2	=	19
15	–	4	=	11
11	–	3	=	14
19	–	9	=	10

11	+	1	=	12
15	+	1	=	16
18	+	0	=	18
19	–	6	=	13
20	–	3	=	17

Lösung Seite 44

Gemischte Aufgaben
Schreibe alle Aufgaben auch ins Heft.

19	–	8	=	11
13	+	6	=	19
11	+	7	=	18
15	–	1	=	14
10	+	5	=	15

16	+	4	=	20
12	+	4	=	16
14	+	3	=	17
18	–	8	=	10
13	–	1	=	12

14	–	4	=	10
16	–	3	=	13
12	+	4	=	16
15	–	3	=	12
10	+	4	=	14

19	–	4	=	15
17	+	1	=	18
12	+	7	=	19
14	–	3	=	11
18	–	6	=	12

20	=	10	+	10
10	=	18	–	8
17	=	19	–	2
11	=	17	–	6
14	=	14	+	0

20	=	14	+	6
20	=	18	+	2
20	=	16	+	4
10	=	16	–	6
10	=	10	–	0

14	+	4	=	18
16	+	3	=	19
19	–	4	=	15
15	+	3	=	18
20	–	4	=	16

11	+	4	=	15
17	–	1	=	16
20	–	7	=	13
14	+	3	=	17
12	+	6	=	18

Lösung Seite 45 – alle Lösungen

Tabellenrechnen

Trage die Ergebnisse in die Tabelle ein und schreibe die Aufgaben ins Heft.

Beispiel:

+	1	2
10	11	12
11	12	13

10	+	1	=	11
10	+	2	=	12
11	+	1	=	12
11	+	2	=	13

(a)

+	2	3	4	5	6
10	12	13	14	15	16
11	13	14	15	16	17
12	14	15	16	17	18
13	15	16	17	18	19

(b)

+	5	4	3	2	1
5	10	9	8	7	6
4	9	8	7	6	5
3	8	7	6	5	4
2	7	6	5	4	3

(c)

–	2	3	4	5	6
20	18	17	16	15	14
19	17	16	15	14	13
18	16	15	14	13	12
17	15	14	13	12	11

(d)

–	6	7	8	9	0
19	13	12	11	10	19
20	14	13	12	11	20
10	4	3	2	1	10
9	3	2	1	0	9

Lösung Seite 45 – Aufgabe (a)

Trage die Ergebnisse in die Tabelle ein und schreibe die Aufgaben ins Heft.

(a)
+	2	3	4	5	6
10	12	13	14	15	16
11	13	14	15	16	17
12	14	15	16	17	18
13	15	16	17	18	19

(b)
+	5	4	3	2	1
5					
4					
3					
2					

(a) - Im Rechenheft:

10 + 2 = 12	11 + 2 = 13
10 + 3 = 13	11 + 3 = 14
10 + 4 = 14	11 + 4 = 15
10 + 5 = 15	11 + 5 = 16
10 + 6 = 16	11 + 6 = 17

12 + 2 = 14	13 + 2 = 15
12 + 3 = 15	13 + 3 = 16
12 + 4 = 16	13 + 4 = 17
12 + 5 = 17	13 + 5 = 18
12 + 6 = 18	13 + 6 = 19

Lösung Seite 45 – Lösungen (b)

Trage die Ergebnisse in die Tabelle ein und schreibe die Aufgaben ins Heft.

(a)
+	2	3	4	5	6
10					
11					
12					
13					

(b)
+	5	4	3	2	1
5	10	9	8	7	6
4	9	8	7	6	5
3	8	7	6	5	4
2	7	6	5	4	3

(b) - Im Rechenheft:

5 + 5 = 10	4 + 5 = 9
5 + 4 = 9	4 + 4 = 8
5 + 3 = 8	4 + 3 = 7
5 + 2 = 7	4 + 2 = 6
5 + 1 = 6	4 + 1 = 5

3 + 5 = 8	2 + 5 = 7
3 + 4 = 7	2 + 4 = 6
3 + 3 = 6	2 + 3 = 5
3 + 2 = 5	2 + 2 = 4
3 + 1 = 4	2 + 1 = 3

Lösung Seite 45 – Lösungen (c)

Trage die Ergebnisse in die Tabelle ein und schreibe die Aufgaben ins Heft.

(c)
−	2	3	4	5	6
20	18	17	16	15	14
19	17	16	15	14	13
18	16	15	14	13	12
17	15	14	13	12	11

(d)
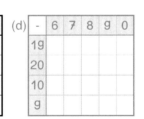

−	6	7	8	9	0
19					
20					
10					
9					

(c) - Im Rechenheft:

20 − 2 = 18	19 − 2 = 17
20 − 3 = 17	19 − 3 = 16
20 − 4 = 16	19 − 4 = 15
20 − 5 = 15	19 − 5 = 14
20 − 6 = 14	19 − 6 = 13

18 − 2 = 16	17 − 2 = 15
18 − 3 = 15	17 − 3 = 14
18 − 4 = 14	17 − 4 = 13
18 − 5 = 13	17 − 5 = 12
18 − 6 = 12	17 − 6 = 11

Lösung Seite 45 – Lösungen (d)

Trage die Ergebnisse in die Tabelle ein und schreibe die Aufgaben ins Heft.

(c)
−	2	3	4	5	6
20					
19					
18					
17					

(d)
−	6	7	8	9	0
19	13	12	11	10	19
20	14	13	12	11	20
10	4	3	2	1	10
9	3	2	1	0	9

(d) - Im Rechenheft:

19 − 6 = 13	20 − 6 = 14
19 − 7 = 12	20 − 7 = 13
19 − 8 = 11	20 − 8 = 12
19 − 9 = 10	20 − 9 = 11
19 − 0 = 19	20 − 0 = 20

10 − 6 = 4	9 − 6 = 3
10 − 7 = 3	9 − 7 = 2
10 − 8 = 2	9 − 8 = 1
10 − 9 = 1	9 − 9 = 0
10 − 0 = 10	9 − 0 = 9